Karten des alten London

GE Mitton

Writat

Diese Ausgabe erschien im Jahr 2024

ISBN: 9789359946962

Herausgegeben von
Writat
E-Mail: info@writat.com

ANMERKUNG DER REDAKTION

Jetzt wird zum ersten Mal ein Atlas mit Karten des alten London herausgegeben, der das Wachstum der Stadt im Laufe der Jahrhunderte zeigt. Bis vor Kurzem waren die hier dargestellten Karten in keiner Form reproduziert worden, und die Originale waren außer für wenige außer Reichweite. Die London Topographical Society hat bei der Suche und Veröffentlichung der meisten davon bewundernswerte Arbeit geleistet; aber diese Reproduktionen sind, was die Größe und alles andere betrifft, so weit wie möglich Faksimiles der Originale. Nicht jeder kann es sich leisten, der Gesellschaft anzugehören, oder möchte mit den Karten in großen Blättern umgehen. In der vorliegenden Form sind sie in einem so handlichen Umfang zusammengefasst, dass sie selbst für diejenigen, die bereits große Exemplare besitzen, ein nützliches Nachschlagewerk darstellen, und für die vielen, die sie noch nicht besitzen, werden sie von unschätzbarem Wert sein.

Die hier gezeigten Karten sind die besten Beispiele der erhaltenen Karten und wurden so ausgewählt, dass sie jeweils repräsentativ für eine besondere Zeit sind. Bis auf einen sind alle in den Bänden von Sir Walter Besants großartigem und ausführlichen „Survey of London" erschienen, auf die sie vorbereitet waren, und die Verleger glauben, dass sie mit der Bereitstellung dieser Bücher getrennt von den Büchern in dieser handlichen Form die Interessen von a berücksichtigen sehr viele Leser.

Die oben erwähnte Ausnahme ist die als Faithorne's bekannte Karte , die London im Zustand vor dem Großen Brand zeigt; Dies wird zu Vergleichszwecken mit dem von Ogilby hinzugefügt , das den späteren Wiederaufbau Londons zeigt. Neben den eigentlichen Karten gibt es einige kleinere Ansichten von Teilen Londons, die alle in der Übersicht enthalten sind.

Der Atlas erhebt keinen Anspruch auf Vollständigkeit, sondern ist repräsentativ für die verschiedenen Epochen, die London durchlief, und zeigt auf eindrucksvolle Weise die Entwicklung der Stadt .

Ich muss mich für die wertvolle Unterstützung bedanken, die ich von Herrn George Clinch, FGS, bei den vielen Schwierigkeiten erhalten habe, die im Laufe der Vorbereitung auftraten.

GE MITTON.

PANORAMA VON LONDON
von ANTONY VAN DEN WYNGAERDE

Beschreibung. — Dies ist die früheste Darstellung Londons, die bis in unsere Zeit überliefert ist. Genau genommen handelt es sich nicht um eine Karte, sondern um ein Bild; aber da viele der alten Karten mehr oder weniger in dieselbe Kategorie fallen, müssen wir sie aus diesem Grund nicht ausschließen. Solche topografischen Zeichnungen können aufgrund der immensen Schwierigkeiten der Perspektive irreführend sein – man denke nur an die erbärmlichen Muster, die heutzutage auf den Gehwegen feilgeboten werden. Aber angesichts der Schwierigkeiten ist diese Karte von Wyngaerde wunderbar genau und hat den Vorteil, dass sie voller architektonischer Details ist, die keine echte Karte liefern könnte.

Designer. — Über Wyngaerde selbst ist wenig bekannt. Er soll ein Flame gewesen sein und möglicherweise im Gefolge Philipps II. nach England gekommen sein. aus Spanien. Es ist bekannt, dass er weitere topografische Zeichnungen angefertigt hat. Das Datum des hier wiedergegebenen Exemplars kann nicht mit absoluter Sicherheit bestimmt werden, sondern muss zwischen 1543 und 1550 gelegen haben.

Original. — Das Original befindet sich in der Sutherland Collection der Bodleian Library in Oxford, misst 10 Fuß mal 17 Zoll und besteht aus sieben Blättern. Eine von N. Whittock angefertigte Nachzeichnung davon kann in der Crace Collection, Prints Department, dem British Museum oder in der Guildhall Library besichtigt werden .

Die vorliegende Reproduktion stammt von der London Topographical Society, die das Original fotografiert hat.

Es ist reduziert und hier in drei Abschnitte unterteilt, die sich zur Vereinfachung der Handhabung überlappen.

ICH.

Einzelheiten. — Wenn wir den ersten Abschnitt untersuchen, der ganz im Westen liegt, sehen wir die Abtei so, wie sie heute ist, mit Ausnahme der Westtürme von Wren. An der Stelle des heutigen Parlamentsgebäudes befindet sich der Königspalast in Westminster. Es ist hier unmöglich, dies im Detail zu behandeln, denn wenn man das für alle Gebäude in diesem Atlas versuchen würde, wäre der Platz versagt. Eine prägnante Beschreibung von Westminster findet sich im gleichnamigen Buch in der Reihe *„Fascination of London"*. Der wichtigste Punkt im Palast ist die St.-Stephans-Kapelle, von der heute nur noch die Krypta übrig ist. Ungefähr fünfzehn oder zwanzig Jahre vor dem Datum dieser Karte König Heinrich VIII. hatte Whitehall von Wolsey beansprucht und sich aus dem alten Palast, der dem Verfall preisgegeben war, dorthin verlegt.

Auf der anderen Flussseite gegenüber von Westminster liegt Lambeth, das in einem Baumhain steht.

Jenseits von Westminster im Westen ist alles offenes Gelände, in dessen Mitte wir das St. James's Hospital sehen, wo sich heute der St. James's Palace befindet. Obwohl es immer noch mit „Krankenhaus" gekennzeichnet war, war es bereits vom König annektiert worden. Wo sich heute der Trafalgar Square befindet , werden uns auf der Karte die King's Mews angezeigt, die von Heinrich VIII. erbaut wurden. für seine Falken. Charing Cross ist durch das Kreuz zum Gedenken an Königin Eleanor gekennzeichnet. An den Flussufern reihen sich schöne Häuser und Laubbäume. Wir können ein oder zwei dieser fürstlichen Gebäude herausgreifen – nämlich Durham House, Savoy Palace und Somerset House (siehe *The Strand* in der obigen Serie). Die Kirche St. Clement Danes ist nur durch eine einzige Häuserzeile vom offenen Land getrennt.

Auf der Westseite des Fleet River liegt Bridewell, erbaut von Heinrich VIII. im Jahr 1522 zur Bewirtung von Kaiser Karl V. Hier wohnten im Jahr 1529 Henry und Katherine, während in Blackfriars in der gesamten Flotte über die Rechtmäßigkeit ihrer Ehe gestritten wurde. Dann kommen wir zu Old St. Paul's, das noch immer seinen hohen Turm trägt, der so bald einstürzen wird. Zwischen ihm und dem Fluss liegt eine der berühmtesten alten Festungen, Baynard's Castle. Ganz rechts auf der Karte befindet sich der Hafen von Queenhithe , den heute jeder Wanderer in der Stadt sehen kann.

II.

Wenn wir die Seite umblättern, sehen wir die Altstadt, wie sie vor dem Brand war, bestehend aus Holzhäusern mit Giebelenden und überhängenden Stockwerken, die eng aneinander gedrängt sind und durch die zahlreichen Zinnen und Türme der Stadtkirchen, von denen viele nie existierten, abwechslungsreich gestaltet sind wieder aufgebaut. Die umkämpfte Linie der Mauer grenzt die Stadt im Norden ein, und Cheapside schneidet sie seitlich in eine breite Straße. Fast in der Bildmitte befindet sich das Guildhall. Das Interesse erreicht seinen Höhepunkt im Spektakel der Old London Bridge mit ihren unregelmäßigen Häusern, ihren Torbögen und ihrer Kapelle. Beachten Sie, dass der Graveur es nicht versäumt hat, die verwesenden Köpfe auf Stangen anzudeuten, die im Laufe der Jahrhunderte immer wieder die Brücke schmückten (siehe *Die Themse* in der obigen Serie).

Auf der Südseite des Wassers liegt St. Mary Overies (siehe *Mediæval London*, Bd. II., S. 297). Es hat als Nachbarn die Häuser Winchester und Rochester, die Residenzen der jeweiligen Bischöfe dieser Bistümer; während die stolzen Kuppeln des Suffolk House – *etwa* 1516 erbaut und später als Münzstätte genutzt – deutlich zu sehen sind. Die von dort bis zum Vordergrund des Bildes verlaufenden Häuser sind wunderschön abgegrenzt und können als Modelle elisabethanischer Architektur angesehen werden; während der Mann mit der Harfe und der Reiter ganz deutlich genug gezeichnet sind, um ihre Zeit durch den Stil ihrer Kleidung zu zeigen. Irgendwann hier hinten muss Wyngaerde seine Vermessung durchgeführt haben, da es offensichtlich unmöglich ist, dass sie von Suffolk House aus hätte durchgeführt werden können, wie eine Autorität feststellte.

III.

Es gibt drei Objekte auf diesem Bild, die so auffällig sind, dass sie sofort die Aufmerksamkeit auf sich ziehen und alles andere ausschließen: die Abtei von Bermondsey , der Tower of London und der Greenwich Palace. In Bermondsey starben zwei Königinnen – Katherine, Gemahlin Heinrichs V., und Elisabeth, Gemahlin Eduards IV. Erst ein oder zwei Jahre bevor diese Karte erstellt wurde, war die große alte Abtei dem König übergeben worden (für einen vollständigen Bericht siehe *Mediæval London* , Bd. II., S. 288).

Der Turm als Ganzes ist weitgehend so, wie wir ihn noch kennen; Es ist eines der ältesten verbliebenen Relikte der Vergangenheit. Beachten Sie die grausame Hinrichtungsstätte in der Nähe sowie die Kanonen und primitiven Kräne, die auf dem Kai im Einsatz sind. Direkt dahinter erheben sich in östlicher Richtung die zackigen Zinnen von St. Katherine's am Tower, an der Stelle, die jetzt von den St. Katherine's Docks bedeckt ist.

Die Stepney Church steht weit entfernt am Horizont, durch ein Meer grüner Felder von der Stadt abgeschnitten .

Wenn wir zur Südseite zurückkehren, sehen wir Says Court, Deptford, zwischen Bermondsey und Greenwich. Dies war lange Zeit das Zuhause von John Evelyn und wurde von Peter dem Großen ruiniert, der es während seines denkwürdigen Aufenthalts in diesem Land im Jahr 1698 mietete. (Für Greenwich Palace oder Placentia siehe *London in der Zeit der Tudors* .)

CIVITAS LONDINUM

Beschreibung. — Dies ist die früheste bekannte Karte von London, denn obwohl Wyngaerdes Vermessung zeitlich vorausging, handelt es sich, wie wir gesehen haben, um ein Panorama und nicht um eine eigentliche Karte. Die vorliegende Karte, die als die von Ralph Agas bekannt ist, weist viel mehr Panoramacharakter auf, als dies bei einer modernen Karte der Fall wäre, und ist deshalb umso interessanter. Der erste, der Agas' Namen mit dieser Karte in Verbindung brachte, war Vertue (1648-1756), und er gab als Datum das Jahr 1560 an; aber wie aus der Beschreibung der nächsten Tafel hervorgeht, sind Vertues Ansprüche auf strikte Wahrhaftigkeit inzwischen erschüttert, weshalb seine Aussage mit Vorsicht akzeptiert werden muss.

Designer. — Ralph Agas, Landvermesser und Kupferstecher, starb 1621 und wird im Register als „alter Mann" beschrieben. Natürlich ist es möglich, dass Agas 85 Jahre alt oder älter wurde. In diesem Fall war er möglicherweise nicht zu jung, um dieses Werk im Jahr 1560 auszuführen, und er selbst sagt dies in einem Dokument aus dem Jahr 1606 erhalten, dass er seit mehr als vierzig Jahren als Landvermesser tätig war. Es gibt zwei Zweige, in die sich die Untersuchung nun auflöst. Erstens: Hat Agas die Karte wirklich erstellt? Und zweitens: Wenn ja, zu welchem Zeitpunkt hat er es geschafft? Für beide Seiten liegen keine schlüssigen Beweise vor. Es gibt einen von ihm unterzeichneten Überblick über Oxford mit ähnlichem Charakter, der zwar nicht datiert ist, aber bekanntermaßen 1578 fertiggestellt und zehn Jahre später veröffentlicht wurde. Auf der Originalkopie davon, die sich im Bodleian befindet, finden sich folgende Zeilen:

„ In der Nähe tenn In den letzten Jahren hat der Autor Zweifel geäußert

Arbeit ausdrucken oder beiseite legen möchten

Bis er zum ersten Mal London plante

Wonach er sich immer noch sehnt, auch wenn ihm das verweigert wird

Er denkt, dass die Stadt jetzt in höchstem Stolz ist,

Und würde zeigen, wie es am besten war beseen

Das dreißigste Jahr unserer edelsten Königin .

Original. — Die beiden frühesten bekannten Kopien der Agas-Karte, die erstmals in Holz eingraviert wurde, stammen beide aus derselben Ausgabe; Eine befindet sich in der Pepysian Library am Magdalen College in Oxford und die andere im Guildhall. Edward J. Francis fertigte 1874 im Guildhall eine sorgfältige Reproduktion davon an, von der auch unser vorliegender Teller stammt. Es ist natürlich reduziert, denn das Original ist 6 Fuß ½ Zoll lang und 2 Fuß 4½ Zoll breit. Die dieser Ausgabe beigefügten Anmerkungen stammen von WH Overall, FSA, einer der führenden Autoritäten in dieser Frage. Er bezweifelt die Verbindung von Agas mit der Karte, meint aber, wenn er der Urheber gewesen wäre, hätte dies nicht vor 1591 geschehen können. Die Wappen in der Ecke auf den beiden ältesten erhaltenen Karten sind die von James I., aber wie die Wappen auf dem königlichen Lastkahn Im Fluss befinden sich die Karten von Elisabeth. Es wurde vermutet, dass es sich bei den Karten selbst um Kopien einer späteren Ausgabe handelt, bei der die Wappen entsprechend der herkömmlichen Meinung geändert wurden. Die wichtigsten Punkte, die Daten aus internen Beweisen liefern, sind folgende: Die St. Paul's Cathedral hat keinen Turm mehr. Diese wurde 1561 vom Blitz getroffen, daher muss die Karte aus der Zeit nach diesem Datum stammen. Die Royal Exchange ist offenbar gebaut. Es wurde 1570 eröffnet. Mit dem Bau des um 1605 erbauten Northumberland House wurde noch nicht begonnen. Wir können daher allgemein davon ausgehen, dass die ursprüngliche Karte, die in Holzblöcke eingraviert war, irgendwann in der zweiten Hälfte der Regierungszeit Elisabeths angefertigt wurde, und es ist wahrscheinlich, dass sie von Agas angefertigt wurde.

Einzelheiten. — Die Karte ist reich an interessanten Details.

Beginnend in der äußersten linken unteren Ecke sehen wir die St. Margaret's Church, die St. Stephen's Chapel und die Westminster Hall. Im Fluss leben Schwäne von monströser Größe. Die King Street, die jetzt in Whitehall mündet, ist sehr deutlich zu erkennen, auch die beiden schweren Tore, die den Weg versperren. Das nördlichste davon wurde von Holbein entworfen und nach ihm benannt und bestand bis zur Mitte des 18. Jahrhunderts. Nördlich davon, im Westen, liegt der Kippgrund; und Hirsche grasen im St. James's Park. Zwischen den Toren im Osten liegen die Privy Gardens, überragt vom Palace of Whitehall, der äußerst unpalastartig aussieht.

Piccadilly ist „der Weg nach Redinge " und Oxford Street „der Weg nach Uxbridge". In der Nähe von Whitcomb Lane und dem Haymarket breiten Frauen Kleidung zum Trocknen auf den Feldern aus, während Kühe so groß wie Häuser grasen. Die St. Martin's Lane führt hinauf nach St. Giles, worauf in der Beschreibung der nächsten Tafel näher eingegangen wird. Die unregelmäßigen Gebäude von St. Mary Rouncevall , einem religiösen Haus, waren noch nicht abgerissen worden, um Platz für das Northumberland House zu machen, das durch die Northumberland Avenue ersetzt werden sollte. Die Häuser großer Adliger mit ihren prächtigen Gärten, die sich bis zum Wasser erstrecken, sind noch immer zu sehen. Nördlich des gut angelegten Covent Garden, der dem Dekan und Kapitel von Westminster gehört, gibt es nichts als Bäume und Felder. Als wir schnell den Strand hinuntergehen, stellen wir fest, dass Temple Bar den Weg in die Stadt versperrt . Dies ist die alte Temple Bar, die nach dem Großen Brand durch die uns viel vertrautere ersetzt wurde und bis 1878 bestand. Eine sehr schöne Illustration der alten findet sich in Sir Walter Besants „ *London in the Time of the Tudors"*, S. 245. Dieses Buch sollte unbedingt von jedem studiert werden, der die Karte verstehen möchte. Von Temple Bar aus verläuft hinter der St. Clement's Church eine breite Straße, die in etwa unserem neuen Kingsway entspricht. Weiter östlich fließt der Fleet River immer noch stark von seinen nördlichen Höhen herab, überquert von vielen Brücken, und genau dort, wo er in die Themse mündet, liegt das Bridewell-Gefängnis. Etwas weiter, auf der anderen Seite, liegt Baynard's Schloss und davor, im Fluss, der Lastkahn der Königin, mit dem königlichen Wappen Elisabeths in der Mitte . Etwas zurück von Baynard's Castle überquert eine Brücke eine Straße und trägt die Aufschrift „The Wardrop ". Dies war tatsächlich der Kleiderschrank oder Aufbewahrungsort der königlichen Kleidung! Wenn wir eine Linie ein Stück nach Norden ziehen, kommen wir zu Smithfield, wo das Kippen wie in einem animierten Fortschritt dargestellt wird. Nicht weit nördlich liegt St. John's, Clerkenwell und das benachbarte Nonnenkloster; im Westen liegt die Kartause. Wenn wir uns wieder nach Süden wenden, vorbei an der St. Bartholomew's Church, sehen wir das Gebäude des Christ's Hospital, das von Edward VI. gegründet wurde. Es ist anzumerken, dass dies eines der Gebäude ist, die seit Wyngaerdes Zeiten errichtet wurden. Dann kommen wir zur St. Pauls-Kirche, deren Turm abgestreift ist, mit der deutlich erkennbaren St. Gregory's-Kirche davor. Während der Tudor- und Stuart-Regierungszeit gab es immer wieder Verordnungen gegen das Bauen, da man befürchtete, dass London außer Kontrolle geraten würde; aber trotzdem hat die Anzahl der Häuser enorm zugenommen, seit Wyngaerde seine Bestandsaufnahme gemacht hat. Die mit Zinnen versehene Mauer umschließt die Stadt immer noch , aber außerhalb sind Dörfer entstanden, insbesondere in Cripplegate .

Aber innerhalb der Mauer gibt es immer noch einige schöne Gärten und Freiflächen, von denen einer bis heute im Finsbury Circus erhalten ist. Viele Straßen treffen im Herzen Londons aufeinander, wo sich jetzt die Bank, das Mansion House und die Royal Exchange gegenseitig anstarren. Aus dem Gewirr der Gebäude auf der Karte lässt sich nur schwer erkennen, ob Greshams erste Royal Exchange vorhanden ist oder nicht, aber es scheint so zu sein. Diese wurde 1570 von der Königin persönlich eröffnet. Der quadratische Turm von St. Christopher le Stock ist auf dem Gelände zu sehen, das jetzt von der Bank of England übernommen wird.

Wenn wir nun zur Surrey-Seite hinübergehen, sehen wir auffällig die beiden runden Pferche zum Bullen- bzw. Bären-Ködern. Es gibt viele Vergnügungsgärten, denn die Surrey-Seite war lange Zeit das Erholungsgebiet der Londoner. Auf dem Fluss gibt es unzählige Wherries, und unterhalb der Brücke bei Billingsgate drängen sich viele Schiffe; man hat es sogar geschafft, über die Brücke zu gelangen. Vor dem Steelyard und am Tower sind Männer und Pferde im Wasser. Das ist ein äußerst interessanter Punkt. Auf den Bildern am Turm ist deutlich zu erkennen, dass der Mann mit einer Schöpfkelle die Wasserfässer auf dem Rücken der Tiere füllt. Dies gibt einen Einblick in die Unannehmlichkeiten, die unsere Vorfahren ertragen mussten, bevor in allen Häusern selbstverständlich Wasserleitungen verlegt wurden. In den Reproduktionen dieser Karte aus dem 18. Jahrhundert ist dieses Detail seltsamerweise in einem Fall verschwunden und in einem anderen Fall in einen Mann verwandelt, der Kühe mit einer Peitsche ins Wasser treibt; Dadurch wird seine ganze Bedeutung beseitigt. Weit im Norden, in Spitalfields, üben Männer Bogenschießen; während Aldgate , lange Zeit die Heimat von Geoffrey Chaucer, etwas nördlich des Tower auffällig ist.

Wie es sich für einen Mann gehörte, der in den Tagen der Reformation lebte, weist Agas nicht darauf hin, dass die religiösen Häuser damals verfielen oder von Laien besetzt wurden, doch wie viele davon müssen noch existiert haben! Wenn man auf dem Weißen Turm steht und nach Norden und zur Rechten blickt, müssen außerhalb der Mauer St. Katherine's by the Tower, Eastminster und die Sorores Minores zu sehen sein, deren Name noch in den hier markierten Minories verbleibt. Innerhalb der Stadt befand sich die Heilige Dreifaltigkeit in der Nähe von Aldgate – einige der seltensten und interessantesten Pläne davon sowie eine vollständige Darstellung finden sich in „*Mediæval London*" , Bd. ii. – und nicht weit entfernt befand sich das Nonnenkloster St. Helen; außerdem Crutched Friars, Austin Friars, Grey Friars und im äußersten Westen, in der Nähe der Flotte, Blackfriars . Von diesen und vielen anderen sind vollständige Berichte im oben angegebenen Band zu finden.

DIE PFARRE ST. Giles auf den Feldern

Beschreibung. — Diese Tafel zeigt beim Vergleich mit der vorhergehenden eine starke allgemeine Ähnlichkeit mit einem erheblichen Unterschied im Detail. Außerdem sind unten zwei Kirchen aufgeführt, von denen eine mit der Aufschrift „heute St. Giles's Church, erbaut anno 1734" gekennzeichnet ist, was darauf hinweist, dass die Karte nicht vor diesem Datum erstellt wurde. Tatsächlich handelt es sich um einen Teil einer Reihe von Karten aus dem 18. Jahrhundert, die auf der Karte von Agas basieren und sich nicht nur im Detail davon unterscheiden, sondern sich auch leicht voneinander unterscheiden. Einige davon sind nicht signiert, andere sind mit „G. Vertue " signiert und wurden von Vertue ausdrücklich als von ihm angefertigt und basieren auf der Karte von Agas aus dem Jahr 1560. In letzter Zeit wurden jedoch Zweifel an Vertues Anteil daran geäußert die Transaktion, und es wird heute allgemein angenommen, dass er lediglich einige in Zinn eingravierte und in Holland hergestellte Karten beschaffte, die auf der von Agas basierten. Diese änderte er ein wenig im Detail und beanspruchte sie dann als sein eigenes Werk. Die originalen Zinnteller befinden sich im Besitz der Society of Antiquaries, Burlington House. Das vorliegende Beispiel weicht in einigen kleinen Details von diesen ab. Kopien der Karten sind keine Seltenheit und können im British Museum und anderswo besichtigt werden.

Einzelheiten. — Der hier dargestellte Teil Londons ist von außerordentlichem Interesse. Es zeigt die Ecke der Tottenham Court Road, als High Street und Broad Street, St. Giles, die Hauptstraße waren, lange bevor die New Oxford Street durchschnitt. Es zeigt außerdem den Abstieg von Holborn in das Tal der Flotte, den „schweren Hügel", über den Kriminelle von Newgate zum Hinrichtungsort gebracht wurden. Es zeigt die Stelle, an der der Galgen einige Zeit, etwa im Jahr 1413, stand, bevor er endgültig in Tyburn aufgestellt wurde . In der Nähe befand sich die Bowl-Taverne, wo der Verurteilte seinen letzten Schluck Bier bekam. Das interessanteste alte Krankenhaus für Leprakranke ist deutlich zu sehen. (Siehe „Holborn", Reihe „ *Fascination of London* ".)

„LONDINUM FERACISSIMI ANGLIÆ REGNI METROPOLIS"
VON HOEFNAGEL

Beschreibung. — Diese Karte scheint auf den ersten Blick viel weniger interessant zu sein als die vorherigen, aber das liegt hauptsächlich an ihrer geringen Größe. Das wahrscheinliche Datum ist 1572, und selbst wenn nichts anderes bekannt ist, hätte man es anhand der Kostüme der Figuren im Vordergrund ungefähr beurteilen können. Es muss zeitgleich mit oder sogar früher als Agas gewesen sein, mit dessen Werk es interessant ist, es zu vergleichen. Diese Karte wurde von Hoefnagel angefertigt und ist dem Werk von Braun und Hogenburg , *Civitates Orbis Terrarum* , entnommen , in dem Braun den Text schrieb, während Hogenburg und Hoefnagel die Karten gravierten. In der linken oberen Ecke befinden sich die Wappen von Elisabeth und in der rechten Ecke die der Stadt . In den späteren Ausgaben wird auf die fein gezeichneten Figuren im Vordergrund verzichtet. In seinen Notizen zu Old London Maps in den Proceedings of the Society of Antiquaries, Bd. vi., Herr WH Overall sagt, es könne nicht angenommen werden, dass alle Städte der Welt, die in Brauns und Hogenburgs Werk eingraviert sind, zu diesem Zweck frisch vermessen wurden; und es gibt mehrere Punkte – wie zum Beispiel die Einbeziehung des 1561 zerstörten Kirchturms von St. Paul – die darauf hindeuten, dass diese Version wahrscheinlich aus vorhandenen Vermessungen stammt. Das Original ist 19 Zoll x 12¾ Zoll groß. Die Bullen- und Bärenjagdgruben auf der Surrey-Seite sind ziemlich auffällig, ebenso wie der königliche Lastkahn, der sich im Fluss fast an derselben Position befindet wie auf der Karte von Agas . Hier ist ein detaillierter Bericht darüber in Sir Walter Besants eigenen Worten:

Einzelheiten. — „Dies ist in mancher Hinsicht genauer als die bekanntere Karte, die Agas zugeschrieben wird. Die Straßen, Gärten und Felder sind präziser dargestellt, und es gibt keinen ernsthaften Versuch, ein Bild oder ein Bild wie Agas zu kombinieren." Panorama mit einer Karte. Gleichzeitig konnte der Landvermesser der damaligen Mode nicht widerstehen, die Karte als aus der Vogelperspektive erstellt zu betrachten, so dass er es für notwendig erachtet, etwas Höhenangabe anzugeben.

„Ich nehme den Teil der Karte, der außerhalb der Mauern liegt. Der Bezirk St. Katherine liegt neben dem Turm mit seiner Kapelle, seinem Hof und seinen Gärten; in der Nähe stehen ein paar Häuser, offenbar Bauernhäuser. Das Kloster von Eastminster war völlig verschwunden. Nichts weist auf den Standort des Nonnenklosters in den Minories hin, dennoch gab es hier bis zum Ende des 18. Jahrhunderts Ruinen dieser Gebäude. Außerhalb von Bishopsgate erstreckten sich Häuser bis zum St. Mary's Spital, von dem einige Gebäude offenbar noch standen . Auf der Westseite stand St. Mary of Bethlehem, genau an der Stelle der Liverpool Street Station, aber nicht annähernd so groß; sie schien einen einzigen Hof eingenommen zu haben und war wahrscheinlich das, was wir heute als sehr hübsch betrachten sollten kleines Häuschen, wie St. Edmund's Hall, Oxford.

„Außerhalb von Cripplegate fangen die Häuser wieder an und führen zwischen den mit Teichen übersäten Lower Moorfields fort; außerhalb von Aldersgate stehen Häuser entlang der Straße . Die Gerichtshöfe von St. Bartholomew's Priory, Charterhouse, St. John's Priory und dem Nonnenkloster Clerkenwell, Smithfield, stehen noch ist von Häusern umgeben; Bridewell mit seinen zwei quadratischen Höfen liegt am Flussufer; die Fleet Street hat eine unregelmäßige Form, die Häuser stehen nirgendwo in einer Reihe; die Höfe von Whitefriars sind noch übrig. Der Strand hat alle seine großen Häuser gegenüber Fluss; ihre Rückseiten öffnen sich zu einer breiten Straße, mit einer Reihe schlechter Häuser auf der Nordseite. Im Süden des Flusses gibt es eine Reihe von Häusern an der High Street, eine Reihe von Häusern entlang des Flussufers auf beiden Seiten, und ein weiterer in der Nähe der Bermondsey Abbey.

„Innerhalb der Mauern stellen wir fest, dass einige der Ordenshäuser vollständig verschwunden sind – zum Beispiel die Krückenbrüder. Es gibt einen freien Raum, der wahrscheinlich einer der Höfe von St. Helen ist. Das Priorat der Heiligen Dreifaltigkeit bewahrt seine Höfe, aber es gibt kein Zeichen der Kirche. Es sind immer noch die Höfe und Gärten der Austin Friars zu sehen. Es gibt immer noch den großen Hof der Grey Friars, aber die Gebäude der Blackfriars scheinen völlig verschwunden zu sein" (*London in the Time of the Tudors* , S. 185).

NORDENS KARTEN VON LONDON UND WESTMINSTER

Designer. — Aufgrund ihres sehr kleinen Maßstabs sind diese Karten nicht so attraktiv wie einige der bereits besprochenen. John Norden, der Designer, wurde um 1548 geboren und schien von Anfang an eine außergewöhnliche Begabung für feinfühlige Schreibkunst gehabt zu haben, die er bei der Kartenerstellung zu großem Nutzen nutzte. Er plante ein ganzes „Speculum Britanniæ ", schaffte es aber zu seinen Lebzeiten nur, Bücher über zwei Grafschaften zu veröffentlichen – nämlich Middlesex und Hertfordshire. Er hinterließ die Ergebnisse seiner Arbeit in vielen anderen Landkreisen in Manuskripten, die seitdem veröffentlicht wurden. Norden wurde 1609 zum Landvermesser der Wälder Seiner Majestät ernannt. Der Stich der Middlesex-Karten wurde von Peter Van den Keere angefertigt .

Originale. — Die Reproduktionen stammen von denen, die in Nordens *Middlesex* aus dem Jahr 1593 erscheinen. Jede Karte ist 9½ Zoll mal 6¾ Zoll groß. Die wunderbare Feinheit von Nordens Arbeit macht diese Karten besonders bei Studenten der Londoner Kartographie beliebt.

FAITHORNE UND NEWCOURT

Beschreibung. – Diese Karte trägt im Allgemeinen den Namen von Faithorne , dem Kupferstecher, aber in Wirklichkeit gebührt die Ehre ebenso Richard Newcourt dem Älteren (gest. 1679), dem Zeichner. Es wurde für einen Ort hier ausgewählt, weil es mit dem Datum 1658 die Stadt so zeigt , wie sie vor dem Brand war, und daher eine Ergänzung zur folgenden Karte von Ogilby darstellt und die Stadt so zeigt, wie sie nach dem Brand wieder aufgebaut wurde .

Graveur. — William Faithorne der Ältere wurde 1616 geboren und war Kupferstecher und Porträtmaler. Er gravierte zahlreiche Porträts, Exlibris, Karten und Titelseiten. Zu seinen Werken gehören zwei große Karten mit dem Titel „Cities of London and Westminster" und „Virginia and Maryland".

Original. — Die einzigen beiden Exemplare der Originalausgabe, von denen bekannt ist, dass sie erhalten sind, befinden sich in den Print Rooms, im British Museum und in der Bibliothèque Nationale von Paris. Die hier gezeigte Karte stammt aus einem Blatt davon im British Museum und hat den gleichen Maßstab.

Einzelheiten. — Es ist zu bemerken, dass das für die Aufnahme in diesen Atlas ausgewählte Blatt nahezu das gleiche Gebiet zeigt wie die folgende Karte von Ogilby , aber nicht ganz so weit nach Osten reicht wie der Tower. Die Stadtmauer ist entlang der Nordseite der Stadt deutlich zu erkennen, und die Bastion in der Nähe von Cripplegate sticht hervor; Gleich hinter dieser Ecke kann man den Stadtgraben verfolgen, der nach Süden verläuft. Es war der merkwürdige und scheinbar bedeutungslose Winkel, den die Mauer hier einnimmt, was Sir Walter Besant zu der Annahme veranlasste, dass sie möglicherweise entworfen wurde, um das antike römische Amphitheater auszuschließen , dessen Standort heute verloren ist (siehe *Early London* , S. 85). Der Fleet River ist noch offen dargestellt und wird von Brücken überquert, von denen es von Holborn bis zur Mündung nicht weniger als fünf gibt. Das in der Fleet Street zeigt tatsächlich eine durchgehende Reihe von Häusern. St. Paul's ist sehr klar abgegrenzt. Die Zahlen innerhalb der Stadt beziehen sich auf die alten Kirchen, von denen unten eine Liste aufgeführt ist. Beachten Sie die Satteldächer, noch immer der Hauptstil der Wohnarchitektur. Die Linien der Straßen im Herzen der Stadt sind bis heute wunderbar gleich geblieben. Außerhalb der Mauern streckt die Stadt ihre großen Arme in das Land aus. Es gibt einen solchen Arm, der von den durchgehenden Häusern gebildet wird, die die Bishopsgate Street bis zur äußersten nördlichen Grenze der Karte säumen. Dann gibt es eine Lücke zwischen dieser und der Moorgate Street, einschließlich des gesamten bekannten Geländes bei Moorfields und Finsbury . Ein paar verstreute Häuser und einige bewirtschaftete Felder bedecken diesen Raum, und in einer Ecke liegt „ Bedlame ".

Eine Ansammlung von Häusern liegt westlich und führt zum Charter House, nördlich davon liegen offene Felder und so zum „Clarkin Well".

Das Mehrere Chvrches innerhalb der Mauern von London zeichnen sich durch mehrere Figuren aus, durch die auch das Auge teilweise zu den bedeutenden Straßen in oder in deren Nähe geführt werden kann , was angesichts des kleinen Maßstabs, in dem diese Karte dargestellt ist, nicht anders gezeigt werden könnte beschrieben.

0 1. Albans in Woodstreet	33. Gabriell in Fanshawes Straße	68. Martins Orgars Nere Eastcheape
0 2. Alhallows Barkin nere Tower Hill	34. Georges in Bottolph Lane	69. Martins Outwitch nächste Bishopsgate Straße
0 3. Alhallows in der Brotstraße	35. Gregories von Paules	70. Martins Vintree neere y ^{3} Cranes
0 4. Alhallows y ^{e} Greate in Thamas Straße	36. Hellins Nere Bishops Gate	71. Mathews in Friday Street72. Maudlins Milch
0 5. Alhallows the Lesse in Th do. S str tun .	37. Iames Dukes Place in der Nähe Aldgat	strēt neere Chepside
0 6. Alhallows in der Hony Lane Nere Chepside	38. Iames Garlick Hill by Bow Lane	73. Maudlins in Old Fishstreete
0 7. Alhallows in der Lumber Street	39. Iohn Baptist in der Nähe von Dow Gate Street	74. Michaell Bashaw hinter Guildhall
0 8. Alhallows Stayninge Nere Fanshawes Street	40. Iohn Euangelist Nere Friday Street	75. Michaell in Cornhill
0 9. Alhallows in y Wall nhere Moorefeilds	41. Iohn Zachary hier Foster Lane	76. Michaell Crooked Lane neere N Fish'trete
10. Alphage von y ^{e} Wall nere Cripple Gate	42. Katherin Coleman hier Fanshawes Straße	77. Michaell att Quene Hith
11. Andrew Hubard von Philpot lan	43. Katherin Cree Kirche in der Nähe Aldgate	78. Michaell y ^{e} Querne vper Ende von Chepside
12. Andrew Vndershaft	44. Lawrence Iury Nere Gildenhalle	79. Michaell Royall z. Hd Colledge Hill
13. Andrew in y ^{e} Wardrop Aboue Pudel Kai	45. Lawrence Poultney hier Eastchepe	80. Michaell in Woodstreet Nere Chepside
14. Ann am Alders Gate15. Ann in Black friers16. Antholins in Watling Street	46. Leonarde in Eastchepe 47. Leonarde in Foster	81. Mildred in Bred Street Nere Chepside
17. Austins nere Paules Kirche		82. Mildred im Geflügel83. Nicholas Acons Nicholas Lane Nere Lūberstreet
18. Bartholomew von y ^{e}		84. Nicholas Cole Abby in der alten Fishstreet
		85. Nicholas Olaves in der Breadstreet

Exchange	Lane	86. Olaues in der Hart
19. Bennet Finch20.	48. Magnus an der	Street Nere Crushed Frites
Bennet Grace Kirche in	Brücke49. Margrett	87. Olaues in Old Iury am
der Nähe der Gracious	in Lothberry	^{unteren} Ende von Chepside
Street	50. Margrett Moses	88. Olaues in der Silver
21. Bennet an der Paules	next Friday Street	Street
Wharfe	51. Margrett in New	89. Pancras in der Soper
22. Bennet Sherehogg	Fishstreete	Lane in der Nähe
nere Bucklers Berry	52. Margrett in Rood	Bucklerbery
23. Bottolph am Billings-	Lane	90. Peters nah Chepside
Gate	53. Mary Abchurch	91. Peters in Cornehill
24. Christs Church von	Lane	92. Peters in der Nähe von
Newgate Straße	54. Mary	Paules wharfe
25. Christophers in	Aldermanberry	93. Peters y ^e arm Nere
Thredneedle Straße	55. Mary Aldermary	Brod Straße
26. Clements in East und	Nähe Watling Street	94. Steven in Coleman
27. Dennis Back Church	56. Mary le Bow in	Straße Nere Moregate
in der Nähe Eāshastreete	Chepside	95. Steven in Wallbrooke
28. Dunstanes im ^{Osten} _	57. Mary Bothaw in	96. Swithens in Can on
_ Tower Street	Cannon Street	Street bei London Stone
29. Edmonds in Lumber	58. Mary Cole	97. Thomas y ^e Apostle
Street	Church in Chepside	98. Trinitie Church in der
30. Ethelborough in	59. Mary Hill über	Nähe Quene Hith
Bishops Gate Street	Billings Gate	99. Niederländische
31. Glaube unter	60. Mary Mounthaw	Kirche in der Nähe
Paules32. Foster in der	über Broken warfe	Brodstreete
Foster Lane Nere	61. Mary Somersett	
Chepside	mehr Broken Wharfe	
65. Französische Kirche	62. Mary Staynings	
in der Third Needle	Nere Alders Gate	
Street	63. Mary	
	Woollchurch in der	
	Nähe ^{von} Stocks	
	64. Mary Woollnoth	
	in der Lumber Street	
	66. Martins	
	Iremonger Lane in	
	der Nähe Chepside	
	67. Martins mit ⁱⁿ	
	Ludgate	

OGILBYS KARTE VON LONDON

Beschreibung. – Dies ist ausschließlich ein Plan der Stadt als jeder andere, den wir bisher in Betracht gezogen haben. Sie verläuft ungefähr vom Tower bis zu Lincoln's Inn Fields und ist deshalb so begrenzt, weil sie als Vermessung durchgeführt wurde, um bei der Planung von Grundstücken in der Stadt nach dem Brand zu helfen.

Designer. — John Ogilby wurde um 1600 geboren und wandte seine Aufmerksamkeit der Vermessung erst zu, als er etwa sechsundsechzig Jahre alt war und sich die Ernennung zum „King's Cosmographer and Geographical Printer" sicherte. Er starb 1676, ein Jahr vor der Veröffentlichung seiner Karte. Er wurde bei der Arbeit von William Morgan, dem Enkel seiner Frau, unterstützt, und der Großteil der eigentlichen Gravur der Karte wurde von Hollar angefertigt .

Original. — Das Original ist 8 Fuß 5 Zoll mal 4 Fuß 7 Zoll groß und besteht aus zwanzig Blättern. Es liegt auf der Skala von 100 Fuß pro Zoll. Es ist im British Museum (Crace Collection) und im Guildhall zu sehen. Die beiden Exemplare unterscheiden sich ein wenig, und das im Guildhall hat ein zusätzliches Blatt. Die hier gegebene Reproduktion ist einer von der London and Middlesex Archæological Society aus dem British Museum angefertigten Kopie entnommen . Das Wappen der Stadt befindet sich in der linken oberen Ecke und das von Sir Thomas Davies, Oberbürgermeister 1676–77, in der rechten Ecke.

Einzelheiten. — Beginnend in der linken oberen Ecke finden wir Weiden, Bowlingplätze und Gärtnereien. Aylesbury House, neben der St. John Street, verfügt über herrliche Privatgärten und hinter der Charterhouse-Bowlingbahn gibt es einen Wald. Weiter östlich ist die von Cromwell wiederbelebte Honourable Artillery Company mit ihrer Ausrüstung und ihren Zelten zu sehen. Diese Kompanie stammt direkt von den Finsbury Archers ab, die wir auf der letzten Karte vermerkt haben, und es ist interessant zu wissen, dass der eigentliche Boden, auf dem sie hier abgebildet sind, immer noch für ihre Nutzung reserviert ist. Moorfields ist ordentlich angelegt und geplant, und südlich davon befindet sich das neue Bethlehem Hospital, das jetzt über den Fluss verlegt wurde. Im Osten gibt es wiederum einen großen offenen Raum im Devonshire House Garden, und im Süden sind unzählige Gärten zu sehen, von denen einige bis heute hinter Rathäusern usw. erhalten sind, aber so versteckt, dass niemand, der sie nicht kannte, sie kannte Die Existenz könnte sie möglicherweise finden.

Wenn wir die Linie der Stadtmauer auf der Nordseite verfolgen, sehen wir, wie einige der Kirchen, insbesondere St. Giles's und St. Botolph's, einen Teil des Stadtgrabens für die Vergrößerung ihrer Kirchhöfe genutzt haben; In der

Nähe von St. Bartholomäus ist der Stadtgraben noch markiert. Dieser Graben bereitete dem Bürgermeister und dem Rat ebenso große Sorgen wie die Zunahme der Häuser, denn er war der Sammelpunkt für jede Art von Unrat, und seine Reinigung verschlang jedes Jahr eine große Summe Geld. Der Fleet River fließt im Freien herab und wird New Canal genannt. Es wird von einer Brücke in Holborn und einer weiteren in der Fleet Street überquert. Wir können die gewundene Linie der großen Durchgangsstraße von Holborn so erkennen, wie sie vor dem Viadukt und den Zufahrten aussah. Der Strand vor Temple Bar zeigt die Hindernisse, die in unserer Zeit erst endlich beseitigt wurden. Butcher Row verschwand erstmals 1813; Weitere Straßen folgten, um Platz für die neuen Gerichtshöfe zu machen, und mit der Zerstörung der Holywell Row und der Eröffnung von Kingsway können die Verbesserungen hier als abgeschlossen betrachtet werden.

Im Süden liegen die großen Häuser von Essex und Arundel mit ihren Gärten; Ihre Namen sind in den Straßen, die über ihre Standorte verlaufen, erhalten geblieben. Somerset House, der Palast des Beschützers, stand damals und machte seinem jetzigen Vertreter erst in weiteren hundert Jahren Platz. Der Fluss ist mit Ameisenhaufen bedeckt, die sich so dicht zusammendrängen. Für die meisten Menschen ist es immer noch die Hauptstraße, obwohl es Mietbusse gab. Es gab immer noch nur die London Bridge, über die man den Fluss zu Fuß überqueren konnte, und die Boote wurden als Fähren genutzt. Es gab auch Tiltboote sowie die kleineren Wherries; Diese verkehrten wie unsere eigenen Omnibusse in festgelegten Abständen und waren durch eine Markise geschützt. In der Nähe der Fleet-Mündung liegt Bridewell, einst ein Palast und Schauplatz der Parlamentssitzung, der jedoch von Edward VI. ein Gefängnis sein. Im Osten ist eine leere Stelle, wo sich heute der Bahnhof der London Chatham and Dover Railway Co. befindet, die ihn 1844 kaufte. Der Standort von St. Paul's war geplant, aber noch nicht bebaut. Tatsächlich war der Wiederaufbau der Häuser die erste Überlegung und wurde mit bemerkenswerter Schnelligkeit durchgeführt, denn in der Zwischenzeit lagerten die armen, obdachlosen Kerle auf Moorfields . Die Kirchen und Rathäuser blieben daher bis zuletzt übrig; Dennoch können wir sehen, dass, obwohl erst elf Jahre seit der Zerstörung der Stadt vergangen waren , von den siebenundachtzig zerstörten Kirchen etwa zwanzig wieder aufgebaut worden waren. Das malerische alte London mit seinen Giebeln und überhängenden Stockwerken war verschwunden und kehrte nie wieder zurück. Aber es gab auch eine Menge Müll und einen nie zuvor so schlimmen Unhygienismus. Was die Überfüllung angeht, müssen wir sehen, was Sir Walter Besant sagt:

Ogilbys Karte ansehen , sehen wir deutlich, dass London nach dem Brand hinsichtlich der Straßen und Höfe im Großen und Ganzen dasselbe war wie London vor dem Brand; es gab dieselben engen Straßen, dieselben überfüllten Gassen, dieselben Höfe und Höfe Nehmen wir zum Beispiel das kleine Gebiet zwischen Bread Street Hill im Westen und Garlick Hill im Osten, zwischen Trinity Lane im Norden und Thames Street im Süden: Ist es möglich, mehr Gerichte und Gassen in diesem Gebiet zu drängen? Können wir glauben, dass London nach dem Brand mit dieser Karte vor uns aus seinen engen Höfen befreit wurde? Sehen Sie sich die auf den Karten eingezeichneten, eng umschlossenen Orte an: 1 g, 46 m, 47 m, 48 m , m. 40.' Dies sind jeweils Jack Alley, Newman's Rents, Sugar-Loaf Court, Three Cranes Court und Cowden's Rents. Einige dieser Gerichte sind bis heute erhalten. Sie wurden gebildet, als die Nachfrage nach Land zunahm, indem schmale Gassen zwischen den Rückseiten angelegt wurden Häuser und das Verschlucken der Gärten. Im London von Ogilby im Jahr 1677 gab es 479 solcher Höfe, 472 Gassen und 172 Höfe, außerdem 128 Gasthäuser, von denen jedes mit seinen offenen Höfen für den Stand von Fahrzeugen und seinen Galerien abgelegen von der Stadt stand Straße an einer Stelle, die einst der schöne Garten eines Bürgerhauses gewesen war" (*London in the Time of the Stuarts* , S. 280).

DIE FOLGENDEN ERKLÄRUNGEN SIND OGILBYS SCHLÜSSEL ZUR KARTE IM BRITISCHEN MUSEUM ENTZOGEN

Wir fahren mit der Erläuterung der Karte fort, die 25 Bezirke, 122 Gemeinden und Freiheiten sowie darin 189 Straßen, 153 Gassen, 522 Gassen, 458 Höfe und 210 Yards mit Namen enthält.

Die breite schwarze Linie ist die Stadtmauer. Die Linie der Freiheit ist eine Kette. Die Abteilung der Bezirke, also oooo . Die Gemeinden, Freiheiten und Bezirke durch eine Strichlinie, ... Jeder Bezirk und jede Gemeinde ist durch die innerhalb ihrer Grenzen verteilten Buchstaben und Zahlen bekannt, die in den Tabellen vor ihren Namen platziert sind.... Die Bezirke durch Großbuchstaben ohne Figuren. Die Gemeinden usw. nach Zahlen ohne Buchstaben. Die großen Buchstaben mit Zahlen beziehen sich auf Hallen, große Gebäude und Gasthäuser. Die kleinen Buchstaben für Höfe, Höfe und Gassen, wobei jeder Buchstabe 99 Mal wiederholt und im Abstand von 5 Zoll verstreut wird und von links nach rechts durch die Karte läuft usw. Kirchen und bedeutende Gebäude sind doppelt schraffiert , Straßen, Gassen, Gassen, Höfe und Höfe bleiben weiß. Gärten usw. leicht angestochen . Wo der Raum zulässt, dass der Name des Ortes ausführlich in Worten steht, aber wo kein Platz ist, verweist ein Buchstabe und eine Zahl auf die Tabelle, in der die Straßen alphabetisch angeordnet sind , und in jeder Straße die Kirchen und Hallen. Bemerkenswerte Orte und Gasthöfe mit den Höfen, Höfen und Gassen werden genannt; dann die Gassen in dieser Straße und die Kirchen usw. wie bereits erwähnt, in jeder Spur.

DIE VERSCHIEDENEN KENNZEICHEN UND NAMEN DER BEZIRKE, GEMEINDEN UND FREIHEITEN

WÄCHTER					
A	Faringdon Ohne	ICH	Dowgate	R	Aldersgate
B	Faringdon Within	K	Breite Straße	S	Billingsgate
C	Bainard -Schloss	L	Cornhil	T	Lime-Street
D	Brotstraße	M	Billig	U	Langborn
E	Königin- Hith	N	Bassishaw	W	Portsoken
F	Cordwainer	Ö	Coleman-Straße	X	Aldgate
G	Walbrook	P	Bishopsgate	Y	Kerzendocht
H	Vintry	Q	Cripplegate Crip T Tower	Z	Brücke

0 1. St. James Clerkenwel
0 2. St. Giles Cripple-Gate
0 3. St. Leonard Shoreditch
0 4. Norton -Folgate Liberty
0 5. St. Botolph Bishopsgate
0 6. Stepney
0 7. St. Stephen Coleman Street
0 8. Alhallows on the Wall
0 9. St. Andrew Holborn
10. St. Giles in the Fields11. St. Grabstätten12. St. Mary Cole-Church13. St. Botolph Aldersgate
14. St. Alphage
15. St. Alban Wood Street16. St. Olave Silver Street
17. St. Michael Bassishaw
18. Christ Church19. St. Anne Aldersgate
20. St. Mary Staining21. St. Mary Aldermanbury22. St. Olave Jewry
23. St. Martin Ironmonger Lane
24. St. Mildred Poultry25. St. Bennet Sherehog
26. St. Pancras Soaper Lane27. St. Laurence-Judentum28. St. Mary Magdalen Milk Street29.

42. St. Christophers
43. St. Mary Woolnoth
44. St. Mary Woolchurch
45. St. Michael Cornhil
46. St. Bennet Fink47. St. Peter Poor48. St. Peter Cornhil
49. St. Martin Outwich
50. St. Hellens
51. St. Ethelborough
52. St. Andrew Undershaft53. Heiligtümer Lumbard Street
54. St. Edmond Lumbard Street
55. St. Dionis Back-Church
56. St. Katherine Cree-Church57. St. James Dukes Place58. St. Katherine Coleman59. St. Olave Hart Street
60. St. Botolph Aldgate
61. St. Mary White Chapel62. Trinity Minories
63. St. Bartholemew der Große
64. Alhallows Staining

0 83. St. Andrew Garderobe
0 84. St. Bennet Paul's Wharf
0 85. St. Peter
0 86. St. Mary Magdaline Old Fish-Street
0 87. St. Nicholas Cole-Abby
0 88. St. Austine
0 89. St. Margaret Moses
0 90. Alhallows Bread-Street
0 91. St. Mildred Bread-Street
0 92. St. Nicholas Olave
0 93. St. Mary Mounthaw
0 94. St. Mary Somerset
0 95. St. Michael Queen Hith
0 96. Trinity
0 97. St. Mary Aldermary
0 98. St. Thomas Apostles
0 99. St. Michael Royal
100. St. James Garlick- Hith
101. St. Martin Vintry
102. St. Antholin's
103. St. John Baptist104. St.

Heiligtümer Hony Lane 30. St. Mary le Bow31. St. Peter Cheap32. St. Michael Wood Street33. Hl. Johannes Zacharias34. St. Martins Liberty35. St. Leonard Foster Lane36. St. Vedast , alias Foster 37. St. Michael Quern38. St. Johannes Evangelist39. St. Mathew Friday Street40. St. Margaret Lothbury 41. St. Bartholemew Exchange	65. Alhallows Barking 66. St. Mary Abchurch 67. St. Nicholas Accorn 68. St. Clement East Cheap69. St. Bennet Grace-Church70. St. Gabriel Fenchurch71. St. Margaret Pattons 72. St. Andrew Hubbart 73. Dutchy Liberty74. St. Clement Danes75. Rolls Liberty76. St. Dunstan im Westen77. White Fryers Precinct78. St. Bridget79. Bridewel Precinct 80. St. Anne Black-Fryers81. St. Martin's Ludgate82. St. Gregories	Stephen Walbrook 105. St. Swithin 106. St. Mary Bothaw 107. Alhallows the Great 108. St. Faith's109. St. Leonard East Cheap110. St. Laurence Poultney111. St. Martin Orgar's 112. Little Alhallows 113. St. Michael Crooked Lane114. St. Magnus an der Brücke 115. St. Margaret New Fish-Street116. St. George Botolph Lane117. St. Botolph Billingsgate118. St. Mary Hill119. St. Dunstans im Osten 120. Little St. Bartholemews 121. Tower Liberty122. St. Katherines

LISTE DER WICHTIGSTEN GEBÄUDE IN OGILBY & MORGAN'S MAP, 1677,

zusammengestellt aus der Karte und dem Schlüssel. Die Referenzen links neben den Namen beziehen sich auf die Randnummern auf der Karte

0 7-14. Afrikanisches Haus, Throgmorton Street, B55 00 2-5. Ailesbury's House, Earl of, A7	0 8-15. Bleierner Hallenmarkt 0 6-16. Halle der Lederverkäufer 00 7-2. Lincoln's Inn	0 8-17. St. Katherine Cree Kirche, Leaden Hall Street, B68 10-13. St. Laurence Poultney Kirche

0 7-18. Aldgate

10-17. Alhallows Barking Church

0 9-10. Alhallows Bread-Street Church

11-12. Alhallows Church, großartig

11-12. Alhallows Church, Little

0 7-10. Heiligtümer Hony Lane Church [Standort in Hony Lane Market integriert]

0 9-14. Alhallows Lombard Street Church

0 5-14. Alhallows on the Wall Church

0 9-17. Alhallows Staining Church, Mark Lane

00 9-6. Apothekersaal, C1

0 5-12. Armorers Hall, Coleman Street, A65

0 11-1. Arundel-Haus

0 5-10. Barber Chyrurgeons Hall, A59

0 6-15. Barnadistons Haus, Sir Samuel, B61

00 6-3. Barnards Inn

00 6-3. Bell Inn, Holborn, A83

00 8-6. Bell Savage Inn, Ludgate Hill, B77

0 10-1. Lions Inne

11-14. London Bridge

00 5-8. London House, A57

00 9-7. Ludgate

0 9-10. Lutherische Kirche, Trinity Lane (NO-Ecke Little Trinity Lane)

0 8-11. Mercer-Kapelle

0 8-14. Merchant-Taylors Hall

10-12. Merchant-Taylors School, Suffolk Lane, C39

00 9-3. Mittlerer Tempel, Mittlere Tempelgasse

0 8-10. Milkstreet oder Hony Lane Market

0 ——— [Monument, The, siehe „Feurige Säule"]

0 9-17. Marinebüro, Mark Lane, C26

0 10-1. Neues Gasthaus

00 2-4. Neues Gefängnis oder Bridewel , Clerkenwel Green

00 2-4. Newcastles Haus, Duke of, A6

0 7-11. St. Lawrence-Judenkirche

10-15. St. Leonard East Cheap Church

00 7-9. St. Leonard Foster-Lane Kirche

11-14. St. Magnus-Kirche, Thames Street, C59

0 9-13. St. Mary Abchurch Kirche

0 6-11. St. Mary Aldermanbury Kirche

0 9-11. St. Mary Aldermary Church

0 9-12. St. Mary Bothaw Kirche

0 6-11. St. Mary Cole Church, Cheapside [ehemals südwestliche Ecke von Old Jewry]

10-16. St. Mary Hill Church, C43

0 8-10. St. Mary le Bow Kirche

0 7-10. St. Mary Magdalen's Church, Milk Street [Standort in Hony Lane Market integriert]

0 10-9. St. Mary Magdaline Old Fish Street Church

00 3-6. Berkley's House, Lord, A11	00 7-6. Newgate	0 10-9. St. Mary Mounthaw Kirche
0 6-14. Bethlehem, Neu	00 8-7. Newgate - Markt	0 10-9. St. Mary Somerset Kirche
0 6-15. Bischofstor	10-10. Maler Stainers Hall	00 6-9. St. Mary Staining Church, Oat Lane
00 6-3. Black Bull Inn, Holborn, A84	0 8-17. Papillion's House, Mr. Tho ., Fenchurch Street, C54	0 8-12. St. Mary Wool Church [Standort in Wool Church Market integriert]
00 6-3. Black Swan Inn, Holborn, A81	0 6-14. Zahlstelle, Broad Street, B22	
0 10-9. Schmiedehalle, C29	0 8-16. Pewterers Hall, Lime Street, C62	0 8-13. St. Mary Woolnoth Church, Lumbard Street [gegenüber Pope's Head Alley]
0 7-11. Blackwel Hall, B49	00 7-7. Ärztehochschule, B37	
0 7-11. Blossom's Inn, B48	0 6-14. Pinner's Hall, B21	0 7-12. St. Margaret Loathbury Kirche
00 6-9. Bludworth's House, Sir Thomas, Maiden Lane, B3	0 6-10. Plaisterers Hall, Addle Street, B6	00 9-9. St. Margaret Moses Church, Friday Street [ehemals südwestliche Ecke der Basing Lane]
00 9-4. Bolt and Tun Inn, Fleet Street, B98	0 6-15. Postamt, General, Bishopsgate Street Within, B59	
0 6-10. Brewers Hall, Addle Street, B7	0 8-12. Geflügelcomputer , B83	0 9-15. St. Margaret Pattons Kirche
0 8-17. Brick-Layers Hall, Leaden Hall Street, C52	00 9-8. Prärogativbüro, St. Paul's Church Yard, C6	10-15. St. Margaret's New Fish Street Church [Standort, der vom Denkmal übernommen wird]
00 9-6. Bridewell	00 8-4. Red Lyon Inn, Fleet Street, B75	
00 9-6. Bridewel Precinct Chapel, Bride Lane		0 7-11. St. Martin Ironmonger Church, Ironmonger Lane [früher angrenzend an das Westende des St. Olave Jewry]
00 3-9. Bridgwaters House, Earl of, A18		
00 6-2. Brook House		
10-11. Buckinghams Haus, Herzog von, 19. Jh		
00 6-8. Bull and Mouth Inn, Bull and Mouth Street, A98		

10-15. Metzgerhalle, C39

00 9-2. Kanzleibüro, Chancery Lane, B73

00 3-6. Charter House

00 7-7. Christ Church, Newgate Street

00 7-7. Christus- Krankenhaus

0 7-12. Claytons Haus, Sir Robert, Altes Judentum, B52

00 9-1. Clements Inn

00 6-9. Clerks Hall, Silver Street, B4

00 9-3. Cliffords Inn

0 9-16. Tucharbeiterhalle, Mincing Lane, C25

00 6-9. Cooks Hall, Aldersgate Street, C50

0 6-11. Coopers Hall, Bassishaw Street, B14

00 9-9. Cordwainers Hall

0 5-10. Krüppeltor

0 5-10. Curryers Hall, London Wall, A60

00 7-2. Büro des Studenten

11-17. Kundenhaus _

0 9-12. Cutlers Hall, Cloak Lane, C21

00 6-5. Davids Haus, Sir Thomas. Schneehügel, B34

00 7-5. Rose Inn, Holborn- Bridg , A91

0 8-14. Königlicher Austausch

00 7-9. Sadler's Hall, Cheapside, B41

0 9-13. Salter's Hall, St. Swithins Lane, C23

00 6-5. Sarazens Head Inn, Snow Hill, A93

00 9-6. Scotch Hall, C2

00 6-9. Scriveners Hall

00 9-3. Serjeant's Inn, Chancery Lane, B97

00 9-4. Serjeant's Inn, Fleet Street

00 8-6. Session House, The, Old Bayly

00 9-8. Sheldons Haus, Sir Joseph, St. Paul's Church Yard, C7

00 8-2. Simond's Inn, Chancery Lane, B71

0 5-11. Sion College, A61

00 8-7. St. Martin Ludgate Kirche

10-13. St. Martin- Orgar- Kirche

0 7-15. St. Martin Outwich Church, Bishopsgate Street Innerhalb [SE-Ecke Thread Needle Street]

10-11. St. Martin Vintry Kirche

00 8-9. St. Mathew Friday Street Church

0 9-10. St. Mildred Bread-Street Church

0 8-12. St. Mildred Poultry Church, B84

0 6-11. St. Michael Bassishaw Kirche

0 8-14. St. Michael Cornhil

10-14. St. Michael Crooked Lane Kirche

10-10. St. Michael Queen Hith Kirche

00 7-9. St. Michael Quern Church, Cheapside [Gelände wird in die Fahrbahn von Cheapside an der Kreuzung von Pater Noster Row und Blow Bladder Street integriert]

0 5-16. Devonshire House, A73	00 9-2. Six Clarks Office, Chancery Lane, B72	0 9-11. Königskirche St. Michael
00 9-9. Ärzte Commons, C10	10-12. Skinners Hall, Dough-Gate Hill, C33	00 7-9. St. Michael Wood-Street Church, B45
00 3-7. Dorchester's House, Marquess of, A13	00 5-6. Smithfield Penns	0 9-13. St.-Nikolaus-Acorn-Kirche
0 7-14. Drapers Hall, B57	0 11-1. Somerset haus	00 9-9. St. Nicholas Cole-Abby Church, Old Fish Street (nordwestliche Ecke von Old Fish St. Hill)
0 6-14. Niederländische Kirche	0 6-10. St. Alban Wood-Street Church	0 9-10. St. Nicholas Olave's Church, Bread-Street Hill [ehemals in der Nähe der Mitte der Westseite]
11-13. Dyers Hall, New Key, Thames Street	0 5-11. St. Alphage Church, London Wall	0 9-17. St. Olave Hart-Street Church, C27
0 8-16. East India House, Leaden Hall Street, B88	00 6-4. St. Andrew Holborn Kirche	0 7-12. Judenkirche St. Olave
00 6-4. Ely-Haus	10-15. St. Andrew Hubbart Church, Little East-Cheap [ehemals Südseite, zwischen Buttolph Lane und Love Lane]	0 5-10. St. Olave Silver Street Church
0 10-1. Essex-Haus	0 8-16. St. Andrew Undershaft Church, Leaden Hall Street, B66	0 8-11. St. Pancras Soaper Lane Kirche
0 6-14. Verbrauchsteueramt, Broad Street, C60	0 10-7. St. Andrew Garderobenkirche	00 9-8. St. Pauls Kathedrale
10-15. Feurige Säule, das [Denkmal]	00 6-9. St. Anne Aldersgate Kirche	00 9-8. St. Paul's House, Dekan des St. Paul's Church Yard, C5
11-14. Fishmongers Hall, Thames Street	00 9-6. St. Anne Black-Fryers Kirche	
00 9-6. Flottenbrücke _		
00 8-5. Flotte [Gefängnis]		
0 7-12. Gründerhalle, Loathbury , B56		
0 7-12. Frederick's House, Sir John, Old Jewry, B51		
0 7-14. Französische Kirche, B62		
00 6-3. Furnival's Inn		

00 6-6. George Inn, Holborn Bridge , A92

0 9-10. Gerrard's Hall Inn, C16

0 5-11. Girdlers Hall, A63

0 3-10. Glovers Hall, Beech Lane, A20

00 7-9. Goldsmiths Hall, Foster Lane, B39

00 5-1. Gray's Inn

0 7-15. Gresham College

00 3-7. Grey's House, Lord, A14

0 8-12. Lebensmittelhändlerhalle, B53

0 7-11. Gildenhalle

0 7-10. Haberdashers Hall, B8

0 7-12. Hern's House, Sir Nathiel , Loathbury , B54

00 4-6. Hicks's Hall

00 7-5. Holborn-Brücke

0 ——— [Heilige] Trinity Church, Trinity Lane [siehe Trinity Church]

0 ——— [Heilige] Trinity Minories Church [siehe Trinity Minories]

00 9-3. Inner Temple, Inner Temple Lane

10-12. Inn-Holders Hall, Elbow Lane, C34

0 9-12. St. Antholine's Church, Budg Row

00 8-9. St. Austine-Kirche

00 5-7. St.-Bartholomäus-Kirche, groß

00 6-7. St. Bartholomäus-Kirche, Little

0 8-13. St. Bartholomäus - Austauschkirche

00 6-7. St. Bartholomäus-Krankenhaus

0 8-13. St. Bennet Fink Kirche

0 8-15. St. Bennet Grace Church

0 10-8. St. Bennet Pauls Wharf Church

0 8-11. St. Bennet Sherehog Kirche

00 9-6. St.-Birgitten-Kirche

00 6-9. St. Buttolph Aldersgate- Kirche

0 6-19. St. Buttolph Aldgate- Kirche

11-15. St. Buttolph Billingsgate Church [ehemals Südseite der Thames Street zwischen Buttolph

11-18. [St. Peter-ad-Vincula-Kirche, Tower of London

0 7-10. St. Peter Cheap Church

0 6-14. St. Peter-Armen-Kirche

0 10-8. St. Peter-Kirche

0 8-14. St. Peter's Cornhil

00 7-6. St.-Sephlcher- Kirche

0 6-12. St. Stephen Coleman Street Church, B56

0 9-12. St. Stephen Walbrook Kirche

10-12. St. Swithin Kirche, Cannon Street

0 9-11. St. Thomas-Apostel-Kirche, St. Thomas-Apostel

00 7-9. St.- Vedast-Kirche, B40

00 6-2. Staple Inn

00 8-7. Schreibwarenhalle

00 6-5. Swan Inn, Holborn- Bridg , A89

0 6-10. Swan with Two Necks Inn, Ladd Lane, B11

0 8-17. Ironmongers Hall, Fenchurch Street, B91	Lane und Love Lane]	0 9-12. Tallow Chandlers Hall, Dough-Gate Hill, C22
11-11. Joyners Hall, Fryer Lane, Thames Street, C37	0 5-16. St. Buttolph Bishopsgate Kirche	0 10-3. Tempelkirche
00 6-5. Kings Arms Inn, Holborn Bridge , A90	0 8-13. St.-Christopher-Kirche	00 5-9. Thanet House, A58
00 9-7. King's Printing House, C3	0 10-1. St. Clement Danes Kirche	00 6-4. Thavy's Inn, Holborn, A86
0 5-11. Lariner's Hall, Fore Street, A78	0 9-14. St. Clemens Eastcheap Kirche	11-19. Turm, Der
0 7-16. Lawrence's House, Sir John, Great St. Hellens , B67	00 9-3. St. Dunstan-Kirche	0 —— Trinity Church, Trinity Lane [Standort der Lutheran Church, die zu sehen ist]
	10-16. St. Dunstan's in der Ostkirche	10-17. Trinity House, Water Lane, C45
	0 9-14. St. Edmond Lumbard Street Kirche	0 8-19. Trinity Minories Church, B70
	0 6-16. St. Ethelborough Church, Bishopsgate Street Innerhalb [unmittelbar nördlich von Little St. Hellens]	00 9-8. Turners House, Sir William, St. Paul's Church Yard, C4
	00 9-8. St. Faith's Church [unter St. Paul's]	11-11. Vintonners Hall
	0 9-16. St. Gabriel Fenchurch Church [in die Fahrbahn der Fenchurch Street integriert, zwischen Rood Lane und Mincing Lane]	0 8-13. Vyner's House, Sir Robert, Lumbard Street, B85
	10-15. St. George Buttolph Kirche, C40	10-13. Ward's House, Sir Patient, Lawrence Poultney's Hill, C38

	0 4-10. St. Giles's Cripplegate Church	00 6-1. Warwick-Haus
	00 9-8. St. Gregory's Church [Standort von St. Paul's übernommen]	11-13. Watermans Hall, New Key, Thames Street, C28
	0 7-16. St.-Hellen-Kirche	11-13. Waterman's House, Sir George, Thames Street, C57
	0 7-18. St. James Dukes Place Kirche, Dukes Place	0 7-10. Wax Chandellors Hall, Maiden Lane, B43
	10-11. St. James Garlick Hith Kirche	0 6-11. Weavers Hall, Bassishaw Street, B13
	0 9-12. St. Johannes-Baptist-Kirche	0 8-17. Whitchurch House, Leaden Hall Street, C53
	00 9-9. St. John Evangelist Church, Friday Street [ehemals Ostseite, Ecke Watling Street, letztere Straße im Norden]	10-11. Whittington's College, College Hill, *m* 15
	00 6-9. St. John Zachary Church, Maiden Lane	0 7-10. Wood Street Compter , B46
	0 8-17. St. Katherine Coleman Kirche	0 9-12. Wollkirchenmarkt

LONDON 1741-45
VON JOHN ROCQUE

Beschreibung. — In mancher Hinsicht ist diese Karte die interessanteste der ganzen Serie, denn sie kommt unserer Zeit am nächsten, und dennoch können wir aus ihrem Studium die bemerkenswerten Veränderungen ableiten, die im Gedächtnis der Menschheit stattgefunden haben. Es ist viel umfassender als das von Ogilby , umfasst die gesamten Außenbezirke und reicht sogar bis nach Edgware und Tottenham, die noch nicht einmal zum Großraum London gehören.

Designer. — Über John Rocque ist sehr wenig bekannt . Er stammte wahrscheinlich aus Frankreich, lebte aber um 1750 in England. Er gravierte Karten und einige Ansichten nach seinen eigenen Entwürfen.

Original. — Das Original besteht aus vierundzwanzig Blättern und ist 13 Fuß lang und 6¾ Fuß tief. Es ist im British Museum zu sehen. Was hier dargestellt wird, ist der zentrale Teil davon, nicht reduziert, aber im gleichen Maßstab. Ihr Interesse wird noch dadurch erhöht, dass die Namen auf der Karte abgedruckt sind und nicht wie in anderen Fällen einzeln angegeben werden. Um dies zu erleichtern, hat Rocque die an Straßen angrenzenden Häuser weiß markiert und sie nur dort schwarz blockiert, wo sie Gärtnereien und andere durch eine helle Fläche markierte Teile säumen. Die Karte ist ein Muster an Sorgfalt und umfassender Detailliertheit.

Detail. — In der unteren linken Ecke beginnen wir mit dem Royal Hospital mit seinem übersichtlichen Gelände. In der Nähe mündet der Westbourne, dessen unregelmäßige Linie die Grenzen von Chelsea bestimmte, in die Themse. Weiter oben verläuft er durch die Five Fields, heute einer der wohlhabendsten und beliebtesten Bezirke Londons – nämlich Belgravia. Das St. George's Hospital steht bereits am Hyde Park Corner und eine Reihe von Häusern säumen die Straße nach Knightsbridge. Westminster ist im Westen immer noch weitgehend von Tothill Fields umgeben, wo so viele Turniere und Turniere stattfanden, und die Flussbiegung umschließt unzählige Gärtnereien. Im St. James's Park wurde der steife Kanal, ein Andenken an den niederländischen Einfluss, noch nicht in ein attraktiveres Zierwasser umgewandelt. Carlton House Terrace ist nicht entstanden. Hier stand Carlton House, das offenbar nicht markiert ist und von Frederick, Prince of Wales, dem Vater von George III., bewohnt wurde. Nördlich davon, abgesehen von der Regent Street aus den Jahren 1813–20, sind die Straßen im Großen und Ganzen so, wie wir sie kennen. Jenseits der Oxford Street Richtung Norden ist der Unterschied auffällig. Dieses Viertel wurde gerade erst bebaut und die gut angelegten Straßen führten bald ins Freie. „ Marybone " Gardens, ein beliebter Teegarten, und die Kirche sowie ein paar

Häuser bilden einen kleinen Weiler, der nur durch eine einzige Straße mit dem anderen Teil Londons verbunden ist, und weiter westlich, nördlich des Berkeley Square, liegen Felder. Inmitten davon befindet sich das „Yorkshire Stingo", das Wirtshaus, von dem aus 1829 der erste Omnibus der Metropole zu fahren begann. Der Tyburn Gallows hatte noch viel zu tun; Fünfzig Jahre später fand hier die letzte Hinrichtung statt. Direkt im Hyde Park befindet sich die grausame Aufzeichnung, „wo Soldaten erschossen werden". Wenn wir der Oxford Street nach Osten bis zur Tottenham Court Road folgen, stellen wir fest, dass sie nur durch die Kurve durch die High Street und die Broad Street bei St. Giles's mit High Holborn verbunden ist. Im Süden befindet sich der Star von Seven Dials und der gesamte Bezirk, der durch die Durchschneidung der Charing Cross Road und dann der Shaftesbury Avenue in der Neuzeit völlig verändert wurde. Im Norden befindet sich das Montagu House an der Stelle, an der das British Museum Platz finden sollte. Es wurde 1753 von der Regierung gekauft und etwa hundert Jahre später abgerissen. Bedford House, die Stadtresidenz der Herzöge von Bedford, stand bis 1800. Dahinter verlaufen Lamb's Conduit Fields bis zur Battle Bridge, wo eine der ersten britischen Schlachten ausgetragen wurde; Hier befindet sich heute der Bahnhof King's Cross. Nicht weit entfernt befinden sich Bagnigge Wells und Sadler's Wells in der Blütezeit ihres Wohlstands. Man kann verfolgen, wie der Fleet oder River of Wells durch Ersteres fließt, aber weiter südlich ist er bedeckt und erscheint erst unterhalb der Fleet Bridge wieder im Freien, wo er schmählich Fleet Ditch genannt wird.

Die Themseseite ist immer noch von „Treppen zum Wasserholen" gesäumt, die von den großen Häusern am Rande führen, und es gibt noch keinen Damm. Die Westminster Bridge und die Blackfriars Bridge ermöglichen jedoch einen einfachen Zugang zur Südseite. Das Labyrinth der Stadt unterscheidet sich nicht wesentlich von dem heutigen, außer dass die Cannon Street weggelassen wurde. Das Bethlehem Hospital ist immer noch auffällig und die Stadtmauer ist seltsamerweise verschwunden. Was wir heute Finsbury Square nennen, wird als Upper Moorfields bezeichnet. Wir müssen weit gehen, bevor wir die Häuser im Osten räumen. Stepney und Bethnal Green sind ziemlich dicht besiedelt und obwohl sie von offenem Gelände umgeben sind, sind sie von der Stadt aus durch Häuser miteinander verbunden. Aber in der Flussbiegung bei Wapping ist die Hauptfläche von Gärtnereien eingenommen. Wenn wir auf die andere Seite gehen, finden wir die Gärtnereien sehr auffällig; Je größer London wird, desto weiter entfernt es sich von seinen Versorgungsquellen. Das zentrale Ganglion der Borough Road und seine strahlenförmigen Verbindungen sind markiert. An einem Ende befindet sich die „King's Bench", die sich in der Nähe des Marshalsea befand und mit „Little Dorrit " in Verbindung gebracht wird. Das Marshalsea selbst ist nicht markiert. Dickens sollte noch kommen, und erst durch seine Schriften erlangte es sentimentales Interesse. Ein großer Teil des

Bezirks ist tatsächlich sehr sumpfig, und wir bemerken häufige Teiche. Der „Hund und die Ente", auch „St. George's Spaw " genannt, ist fast von ihnen umgeben.

Um es mit den Worten von Sir Walter Besant zusammenzufassen:

„London bestand also im 18. Jahrhundert zunächst aus der City, die nach dem Brand fast vollständig wieder aufgebaut worden war, nur ein kleiner Teil im Osten und Norden enthielt die älteren Gebäude, ein Arbeiterviertel in Whitechapel und ein Anwaltsviertel von Gray's Inn bis zum Temple, beides inklusive; ein Viertel nördlich des Strandes, das von Kaffeehäusern, Tavernen, Theatern, einem großen Markt und den Menschen dieser Orte besetzt ist; ein aristokratisches Viertel östlich des Hyde Parks; und Westminster, mit seinen Parlamentsgebäuden, seiner Abtei und den schlimmsten Slums der ganzen Stadt. Auf der anderen Seite des Flusses, zwischen London Bridge und St. George's, befand sich eine belebte Hauptstraße mit Straßen rechts und links; das Flussufer war gesäumt von Häusern von Paris Gardens bis Rotherhithe; es gab Straßen hinter St. Thomas's und Guy's; Lambeth Marsh lag auf offenen Feldern und Gärten, die von trägen Bächen und Gräben durchzogen waren; und Rotherhithe Marsh lag ebenso offen in Wiesen und Gärten, mit Teiche und Gräben im Osten...

„Von jedem Teil Londons aus war es möglich, in einer Viertelstunde aufs Land zu gelangen. Man erkennt die ländliche Umgebung der Stadt , wenn man bedenkt, dass nördlich von Gray's Inn offenes Land mit Feldern war; dass Queen Square, Bloomsbury, einen eigenen hatte Die Nordseite wurde absichtlich offen gelassen, damit die Bewohner die Aussicht auf die Hügel von Highgate und Hampstead genießen konnten. Auf der Südseite des Flusses Camberwell befand sich ein grüner Hain; Herne Hill war ein Park mit stattlichen Bäumen; Denmark Hill war ein bewaldeter Wildpark ; die hängenden Wälder von Penge und Norwood waren genauso schön wie die, die man heute in Cliveden oder an den Ufern des Wye sehen kann " (*London im achtzehnten Jahrhundert* , S. 77-79).

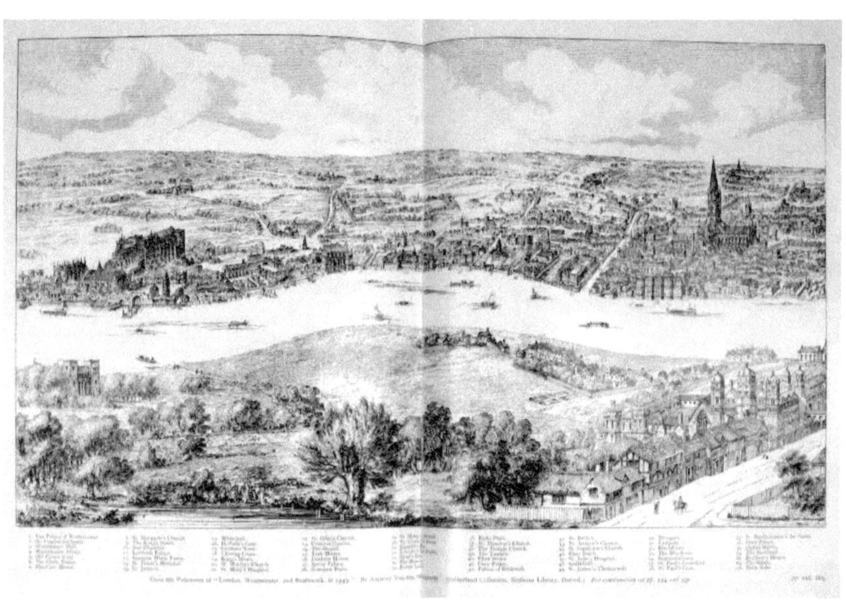

From the Panorama of "London, Westminster, and Southwark, in 1543." By Anthony Van den Wyngaerde (Sutherland Collection, Bodleian Library, Oxford.) *For continuation see pp. 124 and 136.*

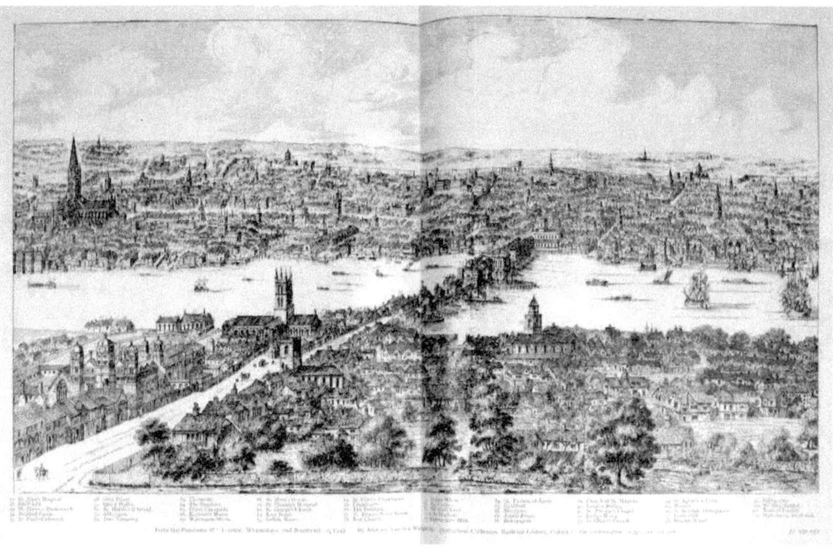

From the Panorama of "London, Westminster, and Southwark, in 1543." By Anthony Van den Wyngaerde (Sutherland Collection, Bodleian Library, Oxford.) *For continuation see pp. 134 and 136.*

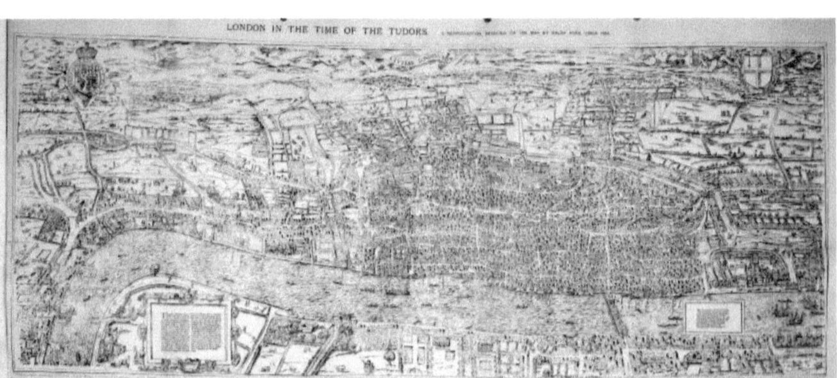

LONDON IN THE TIME OF THE TUDORS

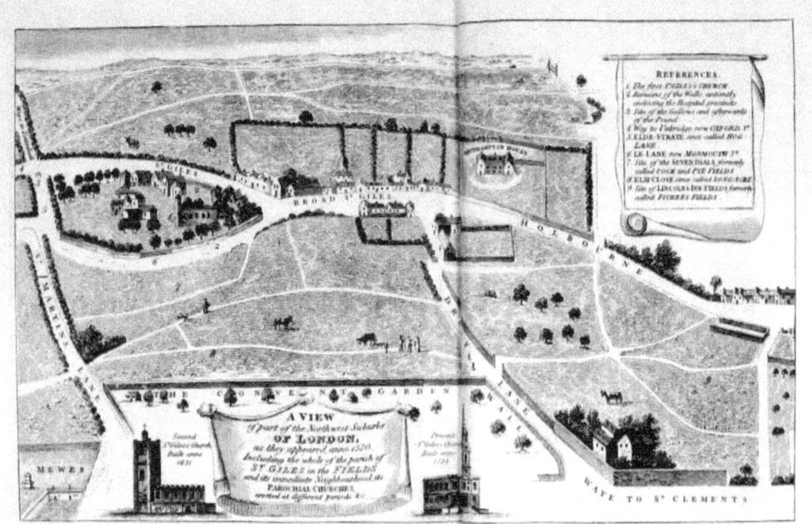

REFERENCES.
1. The first S. GILES's CHURCH
2. Remains of the Walls anciently enclosing the Hospital precincts
3. Site of the Gallows and afterwards of the Pound
4. Way to Uxbridge now OXFORD S.t
5. ELDE-STRATE once called HOG LANE
6. LE-LANE now MONMOUTH S.t
7. Site of the SEVEN DIALS formerly called COCK and PYE FIELDS
8. ELM CLOSE since called LONG ACRE
9. Site of LINCOLNS INN FIELDS formerly called FICKETS FIELDS

A VIEW
of part of the Northwest Suburbs
OF LONDON,
as they appeared anno 1570,
Including the whole of the parish of
S.t GILES in the FIELDS
and its immediate Neighbourhood, its
PAROCHIAL CHURCHES,
erected at different periods &c.

Second
S.t Giles Church
Built anno
1631

Present
S.t Giles Church
Built anno
1734

THE PARISH OF S.t Giles in the Fields. LONDON

BROAD S.t GILES
HOLBOURNE
HAMPTON HOUSE
S.t MARTIN'S LANE
THE CONVENT GARDEN
MEWES
DRURY LANE
WAYE TO S.t CLEMENTS

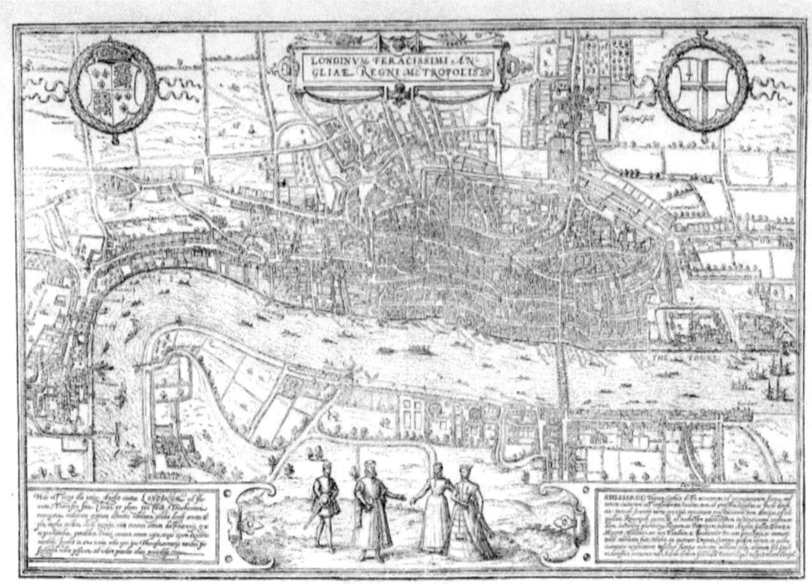

LONDINIUM FERACISSIMI ANGLIÆ REGNI METROPOLIS.

LONDON, 1593. By JOHN NORDEN.

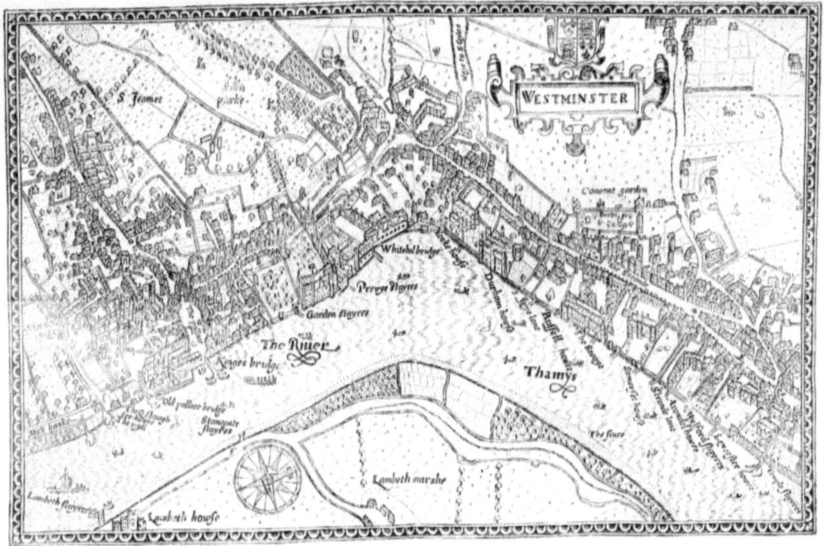

WESTMINSTER, 1593. By JOHN NORDEN.

CITY OF LONDON, 1658. By FAITHORNE AND NEWCOURT.

LONDON IN 1741-5. BY JOHN ROCQUE.

A LARGE AND ACCURATE MAP OF THE CITY OF LONDON
THE RIVER OF THAMES